초등학생의 진로와 직업 탐색을 위한
잡프러포즈 시리즈 48

국회의원 보좌관은 어때?

초등학생의 진로와 직업 탐색을 위한 잡프러포즈 시리즈 48

국회의원 보좌관은 어때?

윤상은 지음

TALK SHOW

차례

국회의원 보좌관이 되려면

국회의원 보좌관의 매력

CHAPTER 06
국회의원 보좌관의 마음가짐

CHAPTER 07
국회의원 보좌관 윤상은을 소개합니다

CHAPTER 08

10문 10답

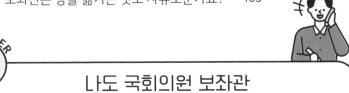

CHAPTER 09

나도 국회의원 보좌관

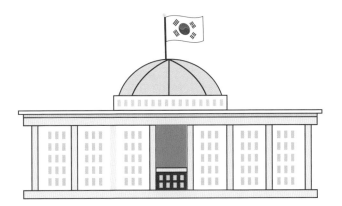

CHAPTER. 01

국회의원 보좌관 윤상은의

프러포즈

국회의원 보좌관 윤상은의 프러포즈

어린이 여러분, 대한민국 주권은 국민에게 있고, 모든 권력은 국민으로부터 나온다는 말을 들어본 적 있나요? 이 문장은 우리나라 헌법 제1조 제2항이에요. 나라를 다스리는 힘, 즉 권력이 국민으로부터 비롯된다, 또는 권력의 근본은 국민이라는 뜻이지요. 5천2백만 명이 넘는 국민이 어떻게 권력을 행사할 수 있을까요? 그건 바로 선거를 통해서 가능해요. 여러분은 모두 학급의 주인이지만 여러분을 대신해 활동할 회장과 부회장 등 임원을 선거로 뽑잖아요? 그렇듯이 국가를 운영할 대통령과 국회의원을 국민의 손으로 뽑아요. 대통령은 행정부의 대표이고 국회의원은 입법부인 국회의 구성원이에요.

국회의원 선거에서 뽑힌 300명의 국회의원은 국민을 대표해 국가와 사회 운영의 뿌리를 이루는 법률을 제정하고, 국가 예산을 심의·확정하며, 중요한 국가정책 결정을 해요. 그런데 국회의원 혼자서는 이 많은 일을 할 수 없어요. 그래서 국회의원의 의정 활동과 정무 활동을 지원하고 돕는 보좌진이 필요해요.

국회의원 보좌진은 헌법 제1조 정신을 실천하는 국회의원을 보좌하는, '대한민국을 움직이는 보이지 않는 힘'이라고 할 수 있어요. 보이지 않는다는 것은 보좌진이 하는 일이 국회의원의 활동을 지원하는 것이므로 국회의원의 활동을 통해서만 드러난다는 말이지요. 하지만 보좌진은 세상을 바꾸고, 미래를 기획하는 정치 분야의 총연출자예요. 기획, 전략, 홍보, 정책, 정무 등 국회의원의 모든 활동을 소화해 내는 막강한 능력자이기도 하고요. 그래서 저는 국회의원 보좌진을 '만능 엔터테이너'라고 생각해요.

무엇보다 정치를 통해 세상을 움직이고 미래를 직접 바꿀 수 있다는 게 이 직업의 매력이에요. 미래세대인 여러분이 보좌진이 되어 여러분의 미래를 더 희망차고 밝게 만들기를 기대합니다.

- 국회의원 보좌관 윤상은

CHAPTER. 02

국회, 국회의원, 그리고

보좌관

국회의 중요한 기능은 무엇이고, 국회의원은 어떤 일을 하는지, 국회의원 보좌관이라는 직업을 알아보기 위해서는 먼저 국회와 국회의원에 대해 알아야 해요. 우리나라를 떠받치는 세 개의 기둥, 삼권분립 기관 중 하나인 국회, 그곳에서 어떤 일을 하는지 알아보아요.

국민을 대표하는 기관, 국회

　국회는 국민을 대표하는 기관으로 300명의 국회의원으로 이루어진 입법부예요. 국회가 하는 일은 여러 가지가 있는데, 그중에서 새로운 법을 만들고 필요에 따라 기존의 법을 고치는 일이 가장 중요해요. 국민이 안전하고 풍요로운 생활을 누리도록 관련된 모든 분야에 필요한 법률과 제도를 마련하는 일이기 때문이에요.

　정부가 다음 해 사용할 예산을 심의하고 확정하는 일도 국회의 역할이에요. 국민이 낸 세금이 제대로 쓰일 수 있도록 검토하고, 필요한 곳에 예산을 나누는 일이지요. 또 정부가 국회에서 확정한 법과 예산을 제대로 집행하는지 감시하는 일도 해요. 매년 열리는 국정감사에서 각 부처의 활동을 점검하고, 문제가 있다면 지적해 고치도록 하지요.

　대통령과 사법부가 하는 일을 견제하는 일도 국회가 하는 중요한 일인데요. 대통령이 국무총리나 장관, 대법원장 등 중요한 자리에 사람을 임명

할 때 인사청문회를 통해 그 일을 수행할 적합한 인물인지 검증하지요.

    이렇게 국회는 법을 만들고, 나라의 예산을 다루며, 정부와 법원이 국민을 위해 제대로 일하는지 감시하고 견제하는 역할을 해요.

국회는 본회의와 위원회로 나누어 운영해요

본회의는 가장 중요한 의사결정 '회의'로 모든 국회의원이 참여해 법안과 정책을 최종적으로 심사하고 투표해요. 위원회는 교육이나 금융 등과 같이 분야별로 세분화한 전문 기구로서 상임위원회와 특별위원회가 있어요. 국회는 다양한 분야의 법안과 정책을 깊이 생각하고 논의하여 결정하거나 판단해야 하는데, 모든 국회의원이 모이는 본회의에서 모든 사안을 깊이 있게 논의하기에는 시간도 부족하고 전문성을 갖추기가 어려워서 분야별로 나누어 놓은 거예요.

상임위원회는 행정부의 부처 및 업무 분야에 따라 나뉘는데, 국회운영위원회, 법제사법위원회, 정무위원회, 기획재정위원회, 교육위원회, 과학기술정보방송통신위원회, 외교통일위원회, 국방위원회, 행정안전위원회, 문화체육관광위원회, 농림축산식품해양수산위원회, 산업통상자원중소벤처기업위원회, 보건복지위원회, 환경노동위원회, 국토교통위원회, 정보위원회, 여성가족위원회, 예산결산특별위원회, 이렇게 총 18개가 있어요.

모든 국회의원은 하나 이상의 상임위원회에서 활동해요.

　각 상임위원회는 법안과 예산, 현안(당장 해결해야 하는 중요한 문제) 등과 같은 안건을 심사해 본회의에 의제로 올리고, 300명의 국회의원이 모이는 본회의에서 법안 표결, 예산안 확정, 주요 정책 등이 논의돼요. 국회 본회의에서 1분에 법안 하나를 처리한다고 TV 뉴스 등에서 가끔 비난하는데, 이것은 사실이 아니에요. 본회의에 상정된(올라온) 안건은 이미 각각의 상임위원회에서 충분히 심의하고 여러 단계의 과정을 거쳐서 상정된 것으로, 본회의는 최종 결정을 하면 되기 때문이지요.

⊙ 출처: 국회사무처

또한, 국회는 특정 안건이나 한정된 목적에 따라 특별위원회를 구성할 수 있어요. 특별위원회를 구성할 때는 처음부터 활동기간을 정해놓고 목적에 맞게 활동해요. 예를 들면, 국민연금에 대해 논의하기 위해 일 년간 국민연금개혁특별위원회를 두었죠. 상임위원회는 국회의원이 늘 하는 활동이고, 특별위원회는 사안에 따라 구성해서 일부 국회의원이 참여하는 점이 달라요.

국회의원을 보좌하는 사람들이 있어요

국회의원은 한 명 한 명이 독립된 하나의 입법기관이에요. 사람을 기관으로 표현하니 좀 이상한가요? 그렇게 부르는 이유는 국회의원이 법을 만드는 일을 하기 때문이에요. 법은 국가의 정책과 사회 운영을 결정하는 기본 틀로, 국가는 법을 통해 현재와 과거의 문제를 해결하고 미래를 준비하지요. 헌법에 '입법권은 국회에 속한다(헌법 제40조)'고 되어 있는데요. 입법권은 법률을 제정(새로 만들기)하거나 개정(수정하기), 또는 폐지(없애기)할 수 있는 권한을 말해요. 즉, 300명 각각의 국회의원과 행정부(대통령)가 법률의 제정·개정·폐지를 제안할 수 있답니다.

또한, 국회의원은 국회가 하는 여러 가지 일을 수행해야 하는데, 국회의원 혼자서 그 많은 일을 다 할 수는 없어요. 그래서 보좌관을 비롯한 보좌진이 필요해요. 보좌관은 '상관을 돕는 일을 맡은 직책 또는 그런 관리'라는 뜻이에요. 그런 의미에서 국회의원 보좌관은 상관인 국회의원을 돕는 직책이지요.

국회의원은 국회 규정에 따라 9명의 보좌진을 둘 수 있어요. 보좌진은 직급에 따라 부르는 이름이 달라요. 4급 보좌진이 보좌관이고, 5급은 선임 비서관, 6급/7급/8급/9급은 비서관이에요. 그리고 보좌진의 일을 돕는 인턴도 있지요. 보좌관이라는 명칭이 사람들에게 알려져서 보좌진을 모두 보좌관으로 알고 있는데, 정확하게는 보좌진 안에 보좌관이라는 직급이 있는 거예요. 직급에 따라 맡은 일에 차이가 있지만, 9명이 힘을 합쳐 국회의원을 돕는 일을 하지요.

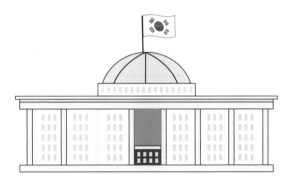

보좌관이 하는 일도 정치입니다

정치는 세상을 바꾸는 일이에요. 국회가 하는 일이 곧 정치인 거지요. 우리의 미래를 생각한다면 사람들이 정치에 관심을 가져야 해요. 정치가 무엇인지 어린이 여러분은 아직 잘 모를 수 있어요. 그래서 예를 하나 들어볼게요. AIDT, 인공지능교과서라고 들어봤을 거예요. 학생들이 수업에 더 참여하도록 학생 개별지도를 하겠다면서 정부에서 AIDT를 급작스럽게 보급하기 위해 수천억 원의 국가 재정을 쓰겠다고 정책을 발표했어요. 그런데 많은 교사와 학부모들은 효과가 검증되지 않은 점, 학생들이 디지털에 지나치게 몰입할 수 있는 점을 심각한 문제라고 생각하고 있어요. 그래서 정부와 함께 국정을 책임지고 있는 정당(여당)은 도입에 찬성하는 반면, 교사와 학부모의 우려에 동의하는 정당(야당)은 반대를 하고 있지요. 이럴 때 학생과 학부모, 선생님을 위해 가장 옳은 정책이 무엇인지에 대해 여당과 야당은 자신들의 의견을 증거와 논리를 바탕으로 주장하면서 치열하게 토론하게 되죠. 소위 말해서 싸우게 되는 거예요.

싸우는 게 정치라고 하면 눈살을 찌푸리는 사람이 많아요. 물론 서로의 의견을 받아들여 타협이 이루어지면 가장 좋겠죠. 그런데 야당 국회의원이 "아이들에게 악영향을 끼칠 것이고, 너무 위험해서 안 됩니다"라고 주장한다고 정부와 여당 국회의원이 동의할까요? 자신들의 생각이 옳다고 생각하기 때문에 동의하지 않고, 다른 이유를 말하면서 반대할 거예요.

국회본청 로텐더홀에서 밤샘 농성 중 잠든 모습

일제강점기를 미화하는 역사기관장들의
잘못을 지적하는 국정감사 현장

이 과정이 싸움으로 보일 수도 있어요. 하지만 그 과정에서 보다 옳다고 생각되는 의견에 대해 국민이 동의해 주실 것이고, 결국 더 많은 국민의 동의를 얻은 쪽의 의견으로 최종 결정될 거예요. 그렇기 때문에 싸움으로 보이는 이런 과정, 즉 싸움은 정치의 일부이고, 그것을 잘 해내야 하는 것이 정치인의 역할이죠. 보좌관을 비롯한 보좌진은 이럴 때 국회의원이 잘 싸울 수 있도록 논리적 근거와 증거, 사례 등을 준비하고 보좌해요. 그러니까 보좌진이 하는 일 또한 정치인 거지요.

CHAPTER. 03

국회의원 보좌관의 세계

국회의원은 자신을 보좌하는 사람들과 함께 업무를 수행해요. 국회의원이 하는 일이 곧 보좌진의 일인데요. 국민의 대표로서, 입법기관으로서 해야 하는 일이 아주 많아요. 여기서는 어린이 여러분이 이해할 수 있도록 몇 가지 중요한 일을 중심으로 알려드릴게요.

법을 만드는 과정에 참여해요

　법을 만들 때는 일정한 절차를 거쳐야 하는데요. 국회의원이 법률안을 발의하면 국회사무처에 접수되고, 국회사무처는 법률안을 공고해서 국민들에게 알려줍니다. 접수된 법률안은 해당 분야의 소관 상임위원회로 넘어가고 상임위원회에서는 법률안에 대한 심사를 진행하는데, 그 과정에서 법률안은 수정될 수 있어요. 상임위원회가 심사를 마치면 절차를 밟아서 전체 국회의원이 회의하는 국회 본회의에 보고하지요. 국회 본회의에 상정된 법률안이 국회의원 과반수 이상의 찬성을 얻으면 통과되고, 대통령의 재가를 받아 공포돼요. 공포된 법률은 법률 시행일로부터 효력이 발생해요.

　국회의원 보좌진은 법률안을 발의할 수 있는 권한은 없지만, 법률안을 발의하고 심의하는 과정에서 큰 역할을 해요. 어떤 법에 문제가 있어 고칠 필요가 있다거나, 새로운 법을 만들 필요가 있다는 의견을 내고, 필요성이 인정되면 바로 법률안을 만드는 일을 시작할 수 있어요. 저는 지금까지 두 개의 제정법(기존에 없는 새로운 법)과 수많은 개정법(기존의 법을 고친 법)을 제안하고 본회의에서 통과시킨 경험이 있는데요. 그중에 하나인 '지속가능한 기반시설 관리 기본법'을 만들었던 과정을 소개할게요.

어느 날 한강 다리를 건너다 문득 다리가 많이 낡았다는 사실이 눈에 들어왔어요. 마침 오래전에 건설된 고속도로의 차선을 넓히거나 직선으로 만드는 모습을 보면서 도로와 같은 기반 시설을 잘 관리하면 더 오래, 더 안전하게 사용할 수 있지 않을까 하는 생각을 하던 참이었죠. 그래서 바로 관련된 논문이나 보고서 등의 자료를 찾아 연구하기 시작했어요. 또 건설업계의 의견도 듣고 정부 측과 협의하는 과정에서 '유지보수를 잘하면 새로 건설하지 않고 30년은 더 안전하게 사용하겠다'는 결론에 이르렀지요. 그 후부터는 빠르게 건설업계 관계자들과 그 분야 전문가들을 만나 다리와 고속도로 등 오래된 기반시설의 문제점을 정리하고, 어떻게 관리하면 안전하게 오래 사용할 수 있는지 등의 해결 방안을 찾아냈어요. 그리고 법률안을 만들어 나갔죠.

법률안을 만드는 과정이 쉽지는 않았어요. 우선 그 법은 처음 만들어지는 법이라 참고할 법이 없었고, 관련된 행정부 각 부처의 의견이 달라 합의점을 찾아야 했고, 무엇보다 예산이 들어가는 일이라 기획재정부를 설득하기 위해 대안을 찾는 게 어려웠어요. 하지만 결국 2017년 11월에 발의했던 '지속가능한 기반시설 관리 기본법'은 1년간의 노력 끝에 2018년 12월 7일 정기국회 막바지에 통과되었고, 2020년 1월 1일부터 시행되었어요. 발의한 지 1년 만에 제정법을 통과시킨 예는 매우 드문 일이었고, 짧은 시간 안에 여러 관계자의 의견을 담아냈다는 것도 기록에 남을 만한 일이었죠.

여기서는 하나의 예를 들었지만, 실제로 국회의원의 이름으로 국회에 발의된 많은 법률안은 이처럼 국회의원을 지원하는 저와 같은 보좌관을 비롯한 여러 보좌진의 노력으로 만들어지고 다듬어져서 세상이 나온답니다.

국정감사로 행정부를 견제해요

행정부가 제대로 일을 하고 있는지 감사하는 일 또한 국회의 중요한 활동이에요. 가장 대표적인 것이 국정감사인데요. 매년 정기국회가 열리는 9월에서 10월 사이에 3주간 실시해요. 국정감사는 상임위원회 단위로 이루어지고, 1년간 정부가 했던 일들을 검사하고 평가하는 일이에요.

국정감사를 준비할 때는 먼저 국회의원이 속한 상임위원회가 담당하는 행정 부서가 지난 1년 동안 한 일을 검토해야 하는데요. 이때는 감사 대상 기관에 업무 현황, 예산 사용 내역, 정책 성과 등 관련 자료를 요구해서 살펴봐요. 또 감사원 보고서와 언론 보도 등 다른 자료를 통해 정부가 어떤 법규를 어겼는지, 어떤 예산이 어떻게 잘못 쓰였는지 찾아내요.

국정감사를 준비하는 보좌진은 경찰이나 검찰처럼 수사하는 역량을 발휘해야 해요. 관련 분야에 관한 법령(법, 시행령, 시행규칙)들을 파악하고 있어야 행정부가 무슨 법령을 위반했는지 찾아낼 수 있지요. 이렇게 문제를 발견하면 보좌진은 국정감사에서 사용할 질의서를 작성해요. 국정감사에서는 문제로 지적된 사안과 관련된 사람들을 증인으로 불러 질의하고 답변을 듣는데요. 이때 보좌진은 분석한 자료를 바탕으로 전문가나 학자들의 의견도 참고해 문제의 핵심을 질의할 수 있도록 준비하지요.

　국정감사는 문제를 지적하는 데 그치지 않고, 문제를 해결할 방안도 제시할 수 있어요. 그러기 위해 보좌진은 항상 공부하고 전문가들을 만나 지식을 쌓고, 여러 연구기관에서 발행되는 보고서나 언론의 기획보도는 빠짐없이 찾아보고 머릿속에 담아두지요. 요즘은 해외 사례도 참고해서 정부에 대한으로 제시하기 때문에 다방면으로 노력하고 있어요.

교육부장관을 대상으로 현안 질의 중

정부 예산안을 검토하고 질의서를 써요

국정감사가 끝나면 곧바로 다음 해 예산을 심의해요. 예산안은 두 가지 방식으로 심의하는데, 하나는 각 상임위원회에서 검토한 후 예산을 삭감하거나 증액하는 의견을 예산결산특별위원회에 제시하는 것이고, 다른 하나는 예산결산특별위원회에서 부처별로 예산을 심의하되 각 상임위원회에서 심사한 의견을 반영하여 종합적으로 심의하는 거예요.

보좌진은 담당 상임위원회에 속해 있는 행정 부서의 예산안을 검토해요. 예산안은 대략 3~4권의 두꺼운 책 분량이고, 예산안을 만든 행정 부서에서 설명하는 과정이 있어요. 이때 평상시 눈여겨보던 사업이나 국정감사 때 지적했던 사업 등을 집중적으로 살펴보고, 필요하다면 추가자료를 요구해요. 자료를 분석한 결과 어떤 사업의 예산은 줄이고, 어떤 사업의 예산을 늘려야 한다는 의견을 토대로 질의서를 작성하지요.

보좌진이 예산안을 검토할 때 예산결산에 관한 전문지식을 꼭 가지고 있어야 하는 것은 아니에요. 예산안을 검토하는 곳은 의원실 말고도 국회 내에 예산정책처, 예산결산특별위원회, 상임위원회까지 세 곳이 더 있어요. 전문지식으로 따지면 오히려 그런 기관에서 일하는 사람들이 갖추고 있어야 해요. 보좌진은 국정운영이라는 관점에서 전문가들이 보지 못하는 문제점을 봐야 하는 거예요. 숫자에 가려져 보이지 않는 것을 보는 역량이 필요하지요.

다만 전문가에 맞먹는 수준은 아니지만 보고서를 검토할 수 있는 지식은 필요해요. 국회에는 보좌진과 국회사무처 직원들이 예산과 결산을 잘할 수 있도록 교육하는 프로그램을 운영하기 때문에 시간을 내서 배운다면 기초적인 지식과 기술을 습득할 수 있어요.

예산결산특별위원회 소위원회 개회 전 실무자협상

보좌진협의회장 당시 원내대표와 간담회

인사청문회를 준비해요

　행정부와 사법부의 주요 인사들, 예를 들면 국무총리와 장관, 대법원장과 대법관, 헌법재판관 등이 임명되기 전에 국회에서 청문회를 열어요. 이 사람들이 임명되는 자리는 막강한 권한이 있기 때문에 그에 걸맞은 전문성을 갖추었는지, 그 자리까지 오는 동안 위법한 행위는 하지 않았는지 등 도덕적인 문제가 없는지도 확인하는 절차예요.

　임명되는 사람들은 선거를 통해 뽑힌 게 아니기 때문에 국민은 그 사람이 어떤 사람인지 거의 모를 수 있어요. 그래서 자격이 적절한지 확인하면서 국민의 알권리를 충족하는 것이고, 또 인사 검증 과정에서 후보자의 문제점을 지적하고 적절한 자격을 갖췄는지에 대한 의견을 제시함으로써 사법부와 행정부를 견제하는 기능도 하는 거예요. 보좌진은 공직 후보자로 적절하지 않은 후보에 대해서는 문제가 되는 것들을 언론에 제공하기도 해요. 인사청문회에서 심각한 문제점이 발견된 후보자 중에는 후보직에서 물러나는 사람도 있어요.

국회의원의 활동을 국민에게 알리는 일도 중요해요

국회의원이 무슨 일을 하고 있는지 국민이 알 수 있게 홍보하는 일이 중요해요. 제가 처음 국회에 들어왔을 때는 홍보의 수단이 홈페이지 정도였는데, 블로그를 거쳐 지금은 X(트위터)와 유튜브, 인스타그램, 숏츠까지 다양한 홍보 매체를 활용하고 있어요. 20년 전보다 홍보하는 업무가 더 늘어난 거죠.

국회의원은 다양한 매체를 활용해 의정활동을 공개하고 현안에 대해 의견을 제시해요. 전하고자 하는 메시지와 관련된 사진과 영상을 찍고, 감각 있게 글을 써서 SNS에 올려요. 보통은 보좌진이 내부 논의를 거쳐 홍보물을 만드는데, 어떤 의원들은 직접 찍은 사진과 영상을 올리기도 해요. 이런 활동 과정에서 게시물 댓글과 '좋아요' 등을 통해 국민과 소통하는 거지요. 요즘엔 홍보가 중요하다 보니 보좌진 중에 사진과 영상 편집, 글쓰기에 역량이 있는 사람이 있다면 홍보하는 일을 맡아서 하기도 해요.

그리고 보도자료를 만들어 의원님의 활동을 언론사에 전하는 일도 하는데요. 보도자료는 일반 기사처럼 육하원칙에 따라 오늘 의원님이 상임위원회에서 관계 부처가 어떤 규정을 위반했던 것을 적발해 문제제기를 했다는 등의 내용을 쓰는 거예요. 또 의원님이 라디오나 TV에 출연하는 경우 진행자의 질문에 대한 답변 초안을 쓰기도 하고, 중요한 행사에서 축사를 맡았다면 행사와 관련한 기초자료를 준비하고 축사의 초안을 쓰는 일도 해요.

국회 현장스튜디오에서 여야 국회의원 대담 출연

보좌진의 직급에 따라 하는 일이 달라요

국회 규정에 따르면 국회의원은 4급 보좌관 2명, 5급 선임 비서관 2명, 6급/7급/8급/9급 비서관 각 1명, 인턴 1명, 이렇게 9명의 보좌진을 둘 수 있어요. 보좌진의 구성과 운영은 300개의 의원실마다 다 달라요. 일반적으로 인턴은 의원실의 막내로서 주요 업무를 정하지 않고 보좌진의 업무를 보조하면서 일을 배우게 되죠. 보통 인턴에 지원하는 사람들은 보좌진이 되는 것을 목표로 하는 경우가 많아 적극적으로 일을 하면 보좌진에 공석이 생길 때 정식 보좌진으로 승진할 기회가 주어지지요.

9급과 8급 비서관들은 국회의원실 일정 정리와 사무실 운영, 후원회 관리 및 지원뿐만 아니라 의원실 운영의 주요 업무인 회계를 담당해요. 또한, 의원님의 가장 가까운 거리에서 수행비서 역할을 하는데요, 업무역량이나 근무 기간 등을 고려해서 높은 직급으로 승진하기도 합니다.

7급 비서관은 의원실에 따라 하는 일이 다를 수 있어요. 다른 비서관들과 함께 정책업무를 하거나, 행정업무나 다른 특정 업무를 맡기도 해요. 5급/6급 비서관들은 4급 보좌관과 함께 의원님 활동에 관한 모든 것을 나눠서 해요. 상임위원회 활동, 예산안 심의, 국정감사, 인사청문회 등 실질적인 정책업무를 많이 하지요.

4급 보좌관은 두 명으로 지역구 의원의 경우 한 명은 여의도 국회의원실에서 일하며 정책과 정무업무를 담당하고, 다른 한 명은 지역구 사무실에서 근무하면서 지역주민의 민원을 처리하고 주민들의 목소리를 의원님에게 전달하는 역할을 해요. 국회 업무를 담당하는 보좌관은 비서관들에게 업무를 나누어 주고, 비서관들이 준비한 것들을 검토해서 의원님께 보고하고, 의원님이 지시하는 것을 받아서, 비서관들과 상의하고 배분하는 등 총괄 업무를 하지요. 보좌관이 두 명이기 때문에 각각의 역할에 맞춰서 업무를 나눠서 하고 있답니다.

국회 국토교통위원장의 회의 진행 전 안건 관련 사전 보고

CHAPTER. 04

국회의원 보좌관이 되려면

국회의원 보좌진이 하는 일은 정치와 관련이 깊어요. 정치는 현재의 사회문제를 해결하고 국가의 미래를 설계하는 일인데요. 이런 일을 하려면 어떤 것에 관심을 가지는 것이 좋을지, 어떤 체험을 하면 적성을 확인할 수 있을지, 대학에 진학할 때는 어떤 전공을 선택하는 것이 좋을지 등을 알아보아요.

사회의 변화를 일으키고 싶은 마음이 있다면, 도전하세요

국회 인턴 과정에 있거나 보좌진으로 일하는 초년생들을 교육할 때 저는 '이 직업은 주체성이 있으면 참 좋은 직업'이라고 얘기해요. 미래를 상상하며 어떤 것을 만들고 싶고, 바꾸고 싶다고 마음먹은 사람이라면 이 일을 통해 꿈을 이룰 수 있다고요.

미래를 바꾸는 일을 어렵게 생각할 필요는 없어요. 여러분이 주변에 관심을 가지고 살펴보면 나와 다른 사람을 위해 더 나은 뭔가가 있을 텐데, 하는 생각이 들 때가 있을 거예요. 예를 들면 여러분 주변에 주차 공간이 부족해 부모님이 주차에 불편을 느낀다거나, 어린이들이 마음껏 뛰어놀 놀이터가 부족하다거나, 나와 이웃 모두가 편안하게 이용할 공원 시설이 필요하다는 생각이 들었다면, 여러분이 보좌진이 되어 그 생각을 현실로 만들면 되는 거예요. 그게 바로 미래를 바꾸는 상상력이고, 그 일을 빨리 실현할 수 있는 직업이 보좌진이지요.

사람과 소통하고 협력하는 자세가 필요해요

보좌진은 한 팀을 이뤄서 일을 해요. 혼자서 잘한다고 성과가 나지 않을뿐더러, 실제로 혼자서 할 수 있는 일이 많지 않아요. 사람들을 많이 만나서 소통을 잘하는 게 중요하죠. 그래서 외향적인 사람이 이 직업에 어울린다고 생각할 수 있어요. 그런데 제가 20년 넘게 보좌진 생활을 하면서 겪어보니 어떤 성격의 사람이라도 일하겠다는 의지만 있으면 다 할 수 있더라고요.

어떤 사람은 호기심이 많고 아이디어가 넘쳐서 새로운 일을 기획할 때 도움이 되고, 어떤 사람은 맡은 일을 성실히 끝까지 해내서 꼼꼼하게 처리해야 할 일에 아주 잘 맞아요. 물론 서로의 성격이 달라서 동료들 사이에 가끔 불만이 생길 수도 있어요. 그런데 한 팀 안에는 둘 다 필요한 사람들이에요. 그리고 다른 성향의 사람들이 모여있는 조직이 더 생동감 있고요.

보좌진협의회장 역임 당시 임원진과 함께

국회 참관을 통해
국회가 하는 일을 체험해요

　국회는 국민에게 열려있는 곳이에요. 국회가 어떤 일을 하는지 알고 싶다면 국회 참관을 해보는 게 좋겠어요. 국회의사당 본회의장에는 일반인이 참관할 수 있는 방청석이 있어요. 참관 신청을 하면 전문 참관해설사가 국회의 역할과 기능 등에 대해 알려주지요. 유치원생부터 초등학생, 중고등학생, 성인에 이르기까지 누구나 참관할 수 있어요. 국회박물관에서 의회민주주의의 원리를 체험하는 것도 좋고요.

　그리고 여러분이 중고등학생이 되면 모의국회, 모의의회 프로그램에 참여하는 것도 좋겠어요. 그런 프로그램에서는 참가자가 법을 새로 만들거나 고치는 과정을 체험할 수 있어요. 우리 사회의 미래 주인인 청소년이 민주적인 의사소통과 민주주의 원리를 스스로 체험하고 민주시민의 자질을 배우는 좋은 기회가 될 거예요.

2022년 전국 학생 모의국회 행사 모습 (출처 - 한국4-H신문. 2023.09.14.)

외국어를 잘하면 도움이 돼요

국회에는 외국 손님들도 많이 와요. 손님들이 오시면 전문 통역사를 불러서 통역하는데 보좌진이 국회의원 옆에서 직접 소통하면 훨씬 편하죠. 또 경력이 있는 보좌진은 국회의원이 외국에 갈 일이 있을 때 함께 따라갈 기회도 있어요. 그리고 국회에는 의원친선협회가 여럿 있어요. 의원친선협회에서는 중국, 일본, 러시아, 유럽, 아세안(동남아시아), 중동, 중남미, 아프리카 등 지구의 모든 나라들과 협력하는 방법을 논의해요. 서로의 문제를 해결할 방법도 찾고, 함께 잘 지낼 수 있는 길을 만들어요.

또 의원친선협회는 우리 국회의원과 외국 국회의원이 서로 방문하고 교류하며 우정을 쌓는 일을 해요. 모든 국회의원이 한 가지 이상의 친선협회에 가입해서 활동하고 있답니다. 제가 모시는 의원님은 '한-우크라이나 친선협회'의 회장을 12년째 맡고 계세요. 2년에 한 번쯤은 우리가 우크라이나에 가거나, 우크라이나 의원들이 한국을 방문해요. 이런 일들을 잘하려면 상대 나라 언어를 다 알지는 못해도 영어를 잘하는 게 큰 도움이 돼요.

어떤 전공이라도 쓰임이 있어요

보좌진이 되고 싶다면 대학에 진학하는 게 좋겠어요. 세상을 넓게 보고 이해하는 공부가 필요하니까요. 정치 관련한 학과도 좋고, 언론 관련 학과도 괜찮아요. 요즘엔 미디어나 영상 미디어가 중요한 홍보 수단이라 이 분야와 관련한 전공도 좋아요. 보좌진은 정당의 입장과 의원님의 주장을 대변할 수 있도록 글을 쓰는 일이 많기 때문이에요.

그렇지만 전공은 크게 상관없어요. 실제로 보좌진의 전공을 보면 매우 다양해요. 저는 환경공학을 전공했기 때문에 환경문제에 관한 관심과 지식이 일하는 데 큰 도움이 되었는데, 이렇게 전공에 맞는 분야의 일을 주로 할 수도 있고, 전공과 상관없이 관심 있는 일이나 하고 싶었던 일을 할 수도 있어요. 전공보다는 정치에 관한 관심, 문제를 발견하는 능력, 그리고 문제를 해결하는 방안을 찾는 능력이 가장 중요해요.

인턴으로 경험을 쌓아요

국회의원 보좌진이 되고 싶은 청년들을 대상으로 하는 교육프로그램이 여럿 있어요. 이런 교육과정에서는 보좌관과 기자의 강의를 들을 수 있어요. 저도 여성유권자연맹에서 개최하는 국회인턴 체험 및 청년리더십 프로그램에서 강의할 때가 있는데요. 국회법과 국정감사 등 실제 보좌관이 하는 일을 소개하지요.

교육이 끝나면 짧게 국회에서 인턴 경험을 할 수도 있어요. 의원실에 가서 보좌진이 하는 일을 옆에서 보고 배우지요. 하지만 인턴이 아니고 인턴 경험이기 때문에 실제로 업무를 하지는 않아요. 주로 대학생들이 방학을 이용해 인턴 체험을 많이 해요.

보좌진이 되는 방법은
여러 가지예요

　보좌진이 되는 방법은 시험을 보거나 정해진 길이 있는 건 아니고 여러 가지 방법이 있는데, 여기서는 가장 흔한 두 가지 방법을 소개할게요. 먼저 국회의원 선거 때 선거운동을 도운 경력으로 보좌진이 되는 경우가 있어요. 선거를 준비하면서 의원님의 생각과 공약 등을 잘 이해하고 있어서 업무와 이어지기 때문이에요.

　다른 방법은 공개채용을 통해 보좌진이 되는 거예요. 의원실에 보좌진이 필요하면 국회 사이트에 채용공고를 내요. 특히 총선이 끝나면 여러 직급의 보좌진을 뽑는 채용공고가 많이 나와요. 그러면 업무에 필요한 조건을 확인하고 직급을 선택해 지원할 수 있어요. 채용에 지원하면 서류 심사, 실무 면접, 국회의원 면접을 통해 뽑히지요.

CHAPTER. 05

국회의원 보좌관의 매력

현재 국회에는 2,700여 명의 보좌진이 있어요. 이들이 국회를 움직이는 '보이지 않는 힘'을 발휘하는 사람들인데요. 이 사람들을 사로잡는 이 일만의 독특한 매력이 있다고 해요. 20년 넘게 이 일을 하면서 큰 보람과 성취감을 느낀다는 윤상은 보좌관의 이야기를 들어 보아요.

미래를 준비하고 설계하는 매력

국회의원이 법안을 만들어 상정하고, 심의를 거쳐, 국회 본회의에서 통과하면 그게 곧 법이에요. 법을 만든다는 것은 잘못된 것을 고치고, 미래를 준비하고 설계하는 일로, 이때 보좌진들의 역할이 아주 커요. 법은 현재와 과거에 발생한 문제를 해결하기 위해, 또 앞으로 발생할 사회 문제에 미리 대처하기 위해, 그리고 미래의 새로운 산업이나 기술을 보호하고 발전시키기 위해 만들어요. 법안을 만드는 것은 텅 빈 도화지에 밑그림을 그려나가는 일과 같아요. 자신이 생각하고 상상한 것들이 하나씩 모양을 찾아나갈 때 흐뭇하고 뿌듯하지요.

바뀐 법에 따라 제도가 변하고 문제가 해결되는 것을 눈으로 확인할 수 있다는 것도 이 직업의 매력이에요. 자신이 한 일의 성과를 직접 볼 수 있는 직업이나 업무가 얼마나 되겠어요? 그것도 대한민국 테두리 안에 있는 모두에게 영향을 미치는 일은 흔치 않은 일이지요. 그만큼 중요하고 책임도 따르는 일을 한다는 자부심이 있답니다.

국민의 안전과 이익을 지킨다는 뿌듯함

저는 예전에 수도권 대기질 개선을 위한 제정법과 예산을 정부와 함께 설계하고 집행한 적이 있어요. 환경공학과 환경정책을 전공했던 전문성을 살려 수도권의 대기질 문제를 해결하는데 도움이 될 수 있었는데요. 그때 국민의 건강과 관련되어 있는 대기질 문제가 심각했는데 미세먼지와 매연을 줄일 수 있도록 법을 제정해 실행했던 경험은 뿌듯한 일로 마음에 남았어요.

또 국회는 국민에게 이익이 된다면 어려운 과정이 예상된다고 해도 제도를 바꾸는 일에 앞장서는 일을 해요. 한 가지 예로 2020년 코로나 사태 때 전국민재난지원금을 지급한 일이 있어요. 당시는 코로나라는 비상 상황을 맞아 거의 매일 여당과 행정부의 고위급 인사들이 만나 회의를 했는데, 중요한 의제 중 하나가 전국민재난지원금 지급 문제였어요. 기획재정부는 예산이 부족하다는 이유로 반대했고, 여당인 민주당은 이 위기를 극복하기 위해서는 전국민에게 지원금을 지급해야 한다고 정부를 설득해야 했지요. 그때 민주당 정책위원회 의장이었던 저희 의원님께 저는 '재난지원금을 받지 않아도 되는 국민이 누구인지 구분하기 위해 행정력을 낭비하고, 지원을 받지 못하는 국민의 불만 등을 고려할 때 모든 국민이 지급받는 것이 낫다'고 강력하게 주장하시라고 요청했어요. 정부와 거의 한 달 동안 논리싸움을 한 끝에 전국민에게 지급하는 것으로 결론이 났지요. 지원금의 지급이 신속하게 진행되었고, 재난지원금이 국민의 생활에 큰 도움이 됐다는 언론보도 등을 보면서 다행이라는 안도감과 보람을 느꼈어요.

코로나 재난지원금 관련 당정협의

정치력을 발휘해 어려운 문제를 해결하는 성취감

　저희 의원님이 국토교통상임위원회 위원장으로 계셨을 때 좀 어려운 일을 하나 해결한 적이 있어요. 구도심을 재개발하거나 신도시를 건설할 때 개발 면적에 따라 반드시 학교를 만들도록 법으로 정해져 있어서 개발되는 땅의 일부를 학교 만들 땅으로 지정해 놓고 돈을 받지 않고 교육청에 제공해요. 그런데 학교 용지에 학교를 짓지 않고 묵혀두는 곳이 많았어요. 교육청에 학교를 지을 돈이 없거나 학생들이 없어서 학교를 지을 필요가 없기 때문이에요. 땅을 공짜로 떼어준 한국토지주택공사(LH공사)는 학교를 세우지 않는 땅이 아까워서 교육청에 돌려달라고 요구했어요. 그 땅을 팔면 개발에 들어간 비용을 되찾을 수 있으니까요. 그런데 교육청은 학교를 만들고 안 만들고는 교육청이 알아서 할 일이니 땅은 돌려주지 않겠다고 했어요. 결국 LH공사는 경기도교육청을 상대로 무상으로 공급한 학교 용지 몇 개에 대해 값을 치르라는 소송을 걸었어요. 1,500억 원이 넘는 큰 금액이 걸린 소송인데, 결과가 어떻게 나오든 양쪽 모두 만족할 수는 없었어요. 만약에 교육청이 진다면 그 돈을 낼 형편이 아니라 곤란하고, LH공사는 공공주택사업을 멈춰야 해서 주택 공급을 기다리는 국민이 피해를 보는 상황이었죠.

그래서 제가 의원님께 제안했어요. 국회가 중심이 되어 국토교통부와 LH공사, 교육청, 지방교육청 등 여섯 개의 기관을 다 모아놓고 합의를 끌어내자고요. 협의하는 과정이 쉽지는 않았지만 결국 기관들이 합의해 '학교 용지 확보 및 학교 설립 정상화를 위한 관계기관의 협약식'을 맺게 되었지요. 그리고 3개월 후 협상이 잘 마무리되어 LH공사는 땅을 팔아 빚을 갚거나 아파트를 지었고, 교육청은 소송의 부담에서 벗어났어요. 사실 이런 일이 국회가 하는 일이에요. 싸움이 극단적으로 치닫기 전에 주도적으로 해결하는 거지요. 그게 2017년에 있었던 일인데요, 그 일을 추진하는 과정에서 제가 큰 보람을 느꼈어요.

학교용지부담금 관련 6자 협약식

우리 기업의 해외 진출을
지원하는 보람

2013년에 조정식 의원님을 모시고 친선협회 일정으로 우크라이나를 방문했어요. 그때 우크라이나에 필요한 산업이 무엇일지 미리 조사해서 공공기관과 대기업에 자료를 보냈더니 몇 곳에서 관심을 보여 함께 갔어요. 국회의원이 외국을 공식 방문할 때 기업들이 함께 가면 좋은 점이 많아요. 기업이 혼자서 상대 국가의 관련 부처와 만나려면 어려운데, 국회의원과 함께 가면 그 나라에서도 관심을 가지고 만나자고 하거든요. 그렇게 3박 4일 머무는 동안 10여 개의 만남을 주선했어요. 우리가 할 수 있는 일은 얼굴을 익히고 친분을 만들어 주는 것까지고, 다음 단계는 기업들이 알아서 할 일이에요.

저는 두 나라의 산업 발전을 위해 미팅을 주선하는 일이 참 재미있었어요. 당시 우크라이나는 우리와 할 수 있는 사업이 꽤 있었어요. 가스공사와 관련해서는 1.5조 원 규모의 LNG 하역시설 사업이 있었고, 9천억 원 규모의 철도 차량을 만드는 사업도 있었죠. 또 우크라이나는 대표적인 농업국가로 그곳의 곡물을 국제 거래할 수 있는 권한을 가지고 싶다는 기업도 있었어요.

　모두 사업 관련 부서와 만남을 잘 가졌는데, 그해 여름 우크라이나에 혁명이 일어나 정권이 바뀌자 아쉽게도 대부분의 사업이 없던 일이 되었어요. 그래도 한 기업은 끝까지 남아서 거래를 계속했고, 최근에는 우크라이나 현지에 창고를 마련하면서 제대로 토대를 닦고 있죠. 저희도 사업을 계속할 수 있도록 도움을 주었고요. 친선협회 일로 다른 나라를 방문할 때는 의원님만 가셔서 친선 활동만 하지 않아요. 어디를 가든 이렇게 국익에 도움이 될 만한 일들을 찾아내 하고 있어요. 일이 잘될 때는 그만큼 보람도 크지요.

우크라이나 대사와 면담

이동이 자유로운 직업

보좌관이라는 직업은 맘먹기에 따라서 오랫동안 할 수도 있고, 다른 일을 하기 위한 중간역으로 삼을 수도 있어요. 보좌진으로 일하면 입법부의 역할을 보고 배우기 때문에 정치인으로 나서서 국회의원이나 지방의회 의원이 될 수 있어요. 실제로 저의 직장 상사이신 조정식 의원을 비롯해 현재 더불어민주당에는 20여 명의 보좌관 출신 국회의원이 있어요. 예전에 함께 의원실에서 근무했던 비서관과 비서 중에는 도의원과 구의원이 된 사람들도 있고요.

국회의원 보좌진은 한 명의 국회의원에만 속한 사람이 아니에요. 보좌진으로 일을 시작했다면 국회 내에서 다른 의원실로 이동하는 것이 비교적 자유로워요. 국회는 4년마다 총선을 치러 새로 구성돼요. 이 말의 뜻은 총선 결과에 따라 의원실에 변화가 있다는 거예요. 국회의원 신분을 계속 유지하는 의원실은 보좌진이 그대로 유지되기도 하고, 낙선한 국회의원 사무실에서 일한 보좌진은 다른 의원실에 채용되기도 해요.

또 지방자치단체장 선거나 대통령 선거 결과에 따라 지방자치단체나 대통령실의 행정관으로 갈 수도 있어요. 저도 2021년 10월부터 약 10개월 정도 문재인 정부 청와대 행정관으로 있었고, 경기도청에서도 2022년 8월부터 약 3개월간 일한 적이 있어요. 이렇게 국회를 떠났다가 다시 돌아왔는데요. 보좌진으로 일하다 다른 곳으로 진출하는 것도 어렵지 않고, 잠시 떠났다가 다시 돌아오는 것도 가능해요. 이 일을 하면서 새롭게 하고 싶은 일이 생겼다면 이 일의 경험을 발판으로 할 수 있는 일이 많다는 것도 큰 장점이지요.

CHAPTER. 06

국회의원 보좌관의

마음가짐

무슨 일이든 힘들고 어려운 일이 있어요. 이 일의 단점은 무엇이고, 일을 하면서 어떤 어려움에 부딪히는지, 어떻게 어려움을 극복하고 일을 계속하는지, 선배 보좌관의 솔직한 이야기를 들어보아요.

근무 시간과 휴일이 일정하지
않다는 단점이

보좌진은 모든 일정을 의원님께 맞춰야 하기 때문에 정시 출근, 정시 퇴근이 규칙적으로 정해져 있지 않아요. 그래도 요즘은 시대도 바뀌고 사람들의 인식도 변해서 근무 시간이나 휴일 등을 지키려고 하지요. 그렇지만 급작스럽게 대형 사고가 발생하거나, 비상계엄과 같은 국가적 위기의 정치 현안 또는 세계적인 위기가 발생하게 되면 밤이건 주말이건 업무를 해야 해요. 또 국정감사나 인사청문회, 대정부질문과 같은 매우 중요한 일이 있을 때면 퇴근 시간이 늦어질 수 있죠. 평상시에도 업무가 많아 일반 공무원처럼 연차와 월차 사용이 쉽지 않아요. 이렇게 개인적인 시간이 부족하다는 것이 이 일의 단점이에요.

그렇지만 국회에서 회의가 없는 기간에는 주말이나 휴일을 챙기고, 바쁜 일이 끝나고 나면 평일에도 휴식 시간을 가질 수 있도록 업무시간을 조정할 수도 있어요. 또 조금 여유가 있는 1월과 국정감사가 시작되기 전인 8월에는 휴가를 보장기 때문에 보좌진이 재충전할 시간을 갖기도 합니다.

늦은 시간까지 자료조사와 질의서 작성

언제 어디서나 문제점과 해결책을 찾으려는 직업적인 습관도

평소에 어디를 지나갈 때 그냥 지나치지 않고 '저건 왜 저러지? 저건 뭐지? 아, 저건 우리 동네에도 있으면 좋겠다' 이런 생각을 많이 해요. 언제 어디서나 항상 뭔가를 찾아보려 하고, 아이디어를 얻으려고 하지요. 그리고 국정감사에 관해 끊임없이 생각해요. 어디로 여행을 가거나, 행사가 있어 참여할 때도 무심하게 지나치지 않고 문제가 되는 것들을 찾아내려고 하고요. '저건 좀 잘못된 것 같은데? 왜 이렇게 되어 있지?' 이렇게 비판적인 시각으로 바라보는데요. 모든 보좌진이 그런 것은 아닌데, 저는 좀 그런 경향이 강한 편이에요.

만날 사람이 많아 점심, 저녁 가리지 않고 만나다 보니 식사 자리도 일거리가 돼요. 또 자료를 찾아보고 글을 쓰는 일이 많아서 그런지 어깨도 굽고 거북목도 되는 것 같아요. 이런 점은 사무직 근로자들이 겪는 공통적인 아픔이 아닐까요.

일에서 오는 스트레스는
여러 방법으로 해소해요

　　보좌진이 하는 일은 아주 많아요. 국회 의정활동을 위한 법안 제안과 작성, 예산 및 결산 검토, 상임위원회와 국정감사 질의서 준비, 보도자료 작성 및 언론 대응, SNS 소통, 다양한 민원 처리 등 9명이라는 소수의 보좌진이 이 많은 일을 하려면 몸도 마음도 지칠 때가 있어요.

　　또 사람들과 소통하고 관계를 유지하는 것도 힘든 일인데요. 보좌진으로서 국회의원과의 관계 또한 중요한데, 그런 것들을 힘들어하는 보좌진도 있어요. 함께 일하는 보좌진들 사이에서 갈등이 생기기도 하고요. 요즘엔 민원인들 때문에 힘든 일도 있어요. 지역구 사무실에도 찾아오지만, 국회 사무실에도 찾아와 얼토당토않은 이야기를 하는 민원인도 있거든요.

　　이렇게 스트레스를 받을 때는 다른 직장인과 마찬가지로 여러 가지 방법으로 해소해요. 회식을 하면서 노래를 부르면 스트레스가 해소된다는 사람도 있고, 운동하면서 스트레스를 날린다는 사람도 있어요. 국회의원회관 1층에는 헬스장이 있는데, 점심시간이나 퇴근 시간 이후에 그곳에서 운동하는 보좌진이 꽤 많아요. 국회는 다른 공공기관이나 기업과 달리 넓은 공간에 나무와 숲도 꽤 잘 가꾸어져 있어 산책하기 좋아요. 그래서 시간 날 때 산책하며 동료 보좌진들과 담소를 나누는 사람도 많고요. 같은 업무를 하는 사람끼리 이야기를 나누다 보면 스트레스도 어느 정도 풀리는 것 같아요.

CHAPTER. 07

국회의원 보좌관 윤상은을

소개합니다

반복되는 지루한 일과를 좋아하지 않는 청년이 우연한 기회에 국회에서 인턴 경험을 한 후 진로를 바꾸어 국회의원 보좌관이 되었어요. 이 직업을 선택하게 된 이유는 무엇이고, 그동안 어떤 일을 해왔을까요? 또 앞으로 하고 싶은 일도 있다는데 그것은 무엇일까요?

자연 속에서 보낸 어린 시절

저는 시골에서 어린 시절을 보냈는데요. 자연환경이 좋은 곳에서 잘 뛰어놀고 즐겁게 생활했어요. 자연 속에 있으면 관찰력도 늘어요. 계절에 따라 시시각각 변하는 자연을 보고 있으면 '저건 뭘까?'하는 궁금증도 생기고, 변화를 감지하는 감각도 생기지요. 어렸을 때 자연이 좋은 환경에서 자라서 그런가, 그때 관찰력이 많이 늘지 않았나 생각해요.

그리고 어렸을 때 시골에서 살면서 공동체적 삶의 의미를 많이 배웠던 것 같아요. 농사철이 되면 가족이나 동네 사람들이 힘을 모으고 서로 도와야만 일을 할 수 있었고, 결혼·장례 등의 일들을 한 가족처럼 치르면서 슬픔도 기쁨도 함께 했죠. 친구들과 어울려야 같이 놀 수 있었어요. 장난감도 없고, 컴퓨터도 없던 시절이라 혼자서는 놀 수 없었으니 자연스럽게 공동체 속에서 살아갔던 거예요.

중고등학교 때 공부를 열심히 했어요

집이 수원 인근의 시골이었는데, 중학교까지는 집 근처에 있는 학교에 다녔어요. 공부를 잘하는 편이어서 거의 1, 2등을 하니까 고등학교는 수원으로 진학했지요. 당시 수원 인근에서 공부 좀 한다는 아이들이 다 모인 학교였는데요. 중학교 다닐 때만 해도 높았던 자존감이 고등학교 가서 완전히 무너지는 경험을 했어요. 중학교 때처럼 대충 공부했더니 성적이 잘 안 나왔거든요. 오기가 생겨서 정말 열심히 공부해서 성적을 올렸던 기억이 있네요.

고등학교 시절을 떠올리면 좋지 않은 기억도 있어요. 당시에 남학교는 선생님들이 학생들을 자주, 심하게, 많이 때렸어요. 공부하는 것만도 힘든데 학교 안의 환경도 힘들었죠. 하지만 '여기서 무너지면 안 된다. 버텨야 한다'는 생각이 강했어요. 힘들다고 포기하는 건 자존심이 상해서 도저히 허락할 수가 없더라고요. 그래서 버티는 힘도 생긴 것 같아요.

대학에서 환경공학을, 대학원에서 환경정책을 공부했어요

제가 고등학교 다닐 때 낙동강 페놀 오염 사건이 발생했어요. 수돗물에서 악취가 난다는 대구 시민들의 민원이 빗발쳐 원인을 조사했더니 두산전자가 몇 년 동안 페놀이 섞인 악성 폐수 325톤을 옥계천에 몰래 흘려보낸 사실이 드러났어요. 이 사건으로 마시는 물의 중요성을 비롯한 환경문제가 사회적인 문제로 떠올랐지요. 그때 환경의 중요성을 깨닫고 직업의 전망도 좋을 것 같아 환경공학과에 진학했어요.

처음에는 멋진 일을 할 거라는 기대를 많이 했어요. 그런데 대학 연구실에서는 매일 같은 것을 실험하고 측정하고, 현장에 나가 시료를 채취하고 분석하는 일의 반복이더라고요. 특히, 4학년 때 선배의 실험을 밤새 도와준 날이 있었어요. 다음 날 새벽 실험 결과를 뽑았는데 실수로 하나가 틀려서 실험 결과가 쓸모없게 되고 말았어요. 꽤 실망스러웠죠. 그 일로 제가 반복되는 지루한 일과 맞지 않는다는 것을 알았어요.

환경 분야는 두 가지가 있어요. 실험을 통해 연구하는 환경공학과, 환경 오염을 예방하거나 환경문제가 생겼을 때 해결하기 위해 중요한 결정을 내리는 환경정책이에요. 공학은 이과, 정책은 문과로 공학을 공부하던 사람이 정책 쪽으로 진로를 바꾸는 경우는 거의 없어요. 그런데 저는 과감하게 대학교 4학년 때 진로를 바꾸어 대학원에 진학해 환경정책을 공부하기로 결심했어요. 돌아보니 이 선택이 저의 삶을 바꾸는 계기였어요.

우연한 기회에 인연을 맺은 국회

2000년 서울대학교 환경대학원에 다닐 때였어요. 국회에서 보좌관으로 근무하는 학부 선배가 환경 관련한 외국 논문을 번역하는 아르바이트를 하면 어떻겠냐고 하더라고요. 호기심에 여름방학 동안 국회에서 인턴으로 일하게 되었어요. 그때가 국정감사를 준비하던 시기라 환경노동위원회 소속이던 국회의원실에서 외국 논문을 번역하고 자료를 정리했어요.

대학원을 졸업할 즈음에 그 선배가 다시 국회의원실에서 일해볼 생각이 없냐고 제안하시더라고요. 사실 국회에서 한 달 일할 때 재미있었어요. 그래서 2002년 대학원을 졸업하고 그해 여름, 환경분야 보좌진 공채를 통해 국회 환경노동위원회 소속 의원실에서 일하게 되었지요.

2002년 신계륜의원실 보좌진으로 국회업무 시작

결과를 바로 확인할 수 있는 매력에 빠졌어요

 2002년 8월 중순, 제가 막 보좌진으로 일하기 시작했을 때였어요. 퇴근길에 지하철을 타려고 기다리고 있는데 승강장 안이 좀 갑갑해서 무심코 환풍기를 봤더니 그 입구가 새까만 거예요. 그걸 가만히 보고 있다가 '저기 청소를 안 하나?'하는 생각이 들었어요. 공기를 정화하기 위한 공조기라는 시설인데, 바로 서울시청에 공조기를 청소하는 규정이 있나, 청소 비용은 얼마나 쓰나 등을 문의하고 관련 자료를 요구했어요. 또 이 분야의 전문가들과 함께 공조기 내부를 탐지 카메라로 들여다보니 먼지가 어마어마하게 쌓여 있는 것도 확인할 수 있었어요. 그 영상이 KBS 9시 뉴스에 보도되었고, 얼마 후 국정감사에서 시민의 건강을 지키기 위해 공조기 청소를 잘해야 한다고 지적했어요. 이 문제는 제가 처음 제기한 것으로 그전에는 누구도 그런 규정이 있는지, 규정이 있음에도 지켜지지 않는다는 것을 발견하지 못했던 거예요. 이 일로 보좌진이라는 직업이 일을 하는 과정도 재미있지만, 노력한 결과를 눈으로 바로 확인할 수 있다는 점도 알게 되었어요.

국정감사 우수의원 수상 후 보좌진과 함께

이 일을 그만두고 싶은 적도 있었어요

　일한 지 10년 정도 되었을 때 많이 지쳤어요. 함께 일하던 친구 중 몇 몇은 박사과정을 하겠다고 학교로 가고, 어떤 선배는 청와대나 정부에서 더 큰 일을 하고, 어떤 후배는 민간 기업으로 옮기는 것을 보면서 부러웠던 것 같아요. 그리고 모시던 의원님이 정치적으로 힘든 일을 겪었던 때여서 머릿속도 텅 빈 느낌이 들어서 '내가 이 일을 더 할 수 있을까?' 싶은 생각을 했어요. 그래서 좀 쉬어야겠다고 의원님께 이야기하려고 마음 먹었던 참에 누가 그러더라고요. "너 다른 일 하면 재미있을 것 같아? 재미없어. 여태까지 일하면서 재미있었지?"라고 물으니까, 저도 모르게 고개를 끄덕이며 "그래요, 재미있어요"하고 대답했죠. 그리고 의원님에 대한 의리도 지켜야겠다는 생각이 들어 다시 기운을 차리게 되었어요. 꽤 심각하게 고민했는데 극복하게 된 계기가 좀 단순하기는 해요. 생각해 보니 제가 이 일을 좋아하는 마음이 더 커서 잠깐의 어려움은 쉽게 극복할 수 있었던 것 같아요.

요즘은 대중의 마음을 사로잡는 방법을 고민하고 있어요

　정치는 사람의 심리와 관련이 깊어요. 대중의 마음을 알면 좋겠다는 생각으로 심리학에 관심을 가지고 틈틈이 공부하고 있어요. 그리고 정치는 언어로 하는 일이 많아요. 정당에서 성명서를 내거나 의원실에서 말이나 행동으로 의사 표현을 했을 때 대중이 어떻게 해석하는지, 대중의 심리가 어떻게 움직일지 예측하면 어떤 계획을 선택할지도 결정이 되겠죠. 어떻게 접근했을 때 대중의 마음을 사로잡을 수 있는지 알고 싶어서 앞으로 좀 더 깊이 파고들 생각이에요.

　정당 간의 협상을 하는 것도 심리 게임이에요. 이른바 '밀당'을 하지요. 상대 당이 무슨 생각을 하는 것 같은데, 우리가 가장 좋은 위치를 차지하기 위해서는 무엇을 해야 할지 전략을 짜는 게 중요해요. 그런데 정치와 관련한 심리학은 드물더라고요. 그래도 관련된 책들을 찾아 읽으면서 공부하고 있어요. 정치도 결국 심리를 다루는 분야니까 저만의 장점으로 특화하려고 노력 중이에요.

2020년 21대 총선 승리 후 보좌진과 자원봉사자 단체사진

우리 사회의 틀을 바꾸고 싶다는 꿈을 꾸어요

세상을 바꾸는 일은 한 번에 성공할 수는 없어요. 작은 것부터 하나씩 풀어가야 할 과제인데, 그 시작으로 개정하고 싶은 법률안이 있어요. 세금을 책정할 때는 소득이나 재산에 따라 세율을 차등 적용해요. 소득이 높고 재산이 많으면 더 많은 세금을 내고, 반대로 소득이 낮고 재산이 적으면 세금을 안 내거나 적게 내는 거죠. 사람은 누구나 혼자서 재산을 모을 수는 없어요. 사회 구성원들의 참여와 노력이 들어가 있기 마련이에요. 그래서 사회적 책임을 다하는 의미로 재산의 정도에 따라 세금을 달리 매기는 거예요.

그런데 이런 원칙이 적용되지 않는 게 있어요. 과태료와 범칙금, 벌금 등인데요. 예를 들어 신호 위반 과태료는 7만 원인데, 연봉 10억을 버는 사장이나 하루에 20만 원을 버는 화물차 운전자나 똑같이 내요. 연봉이 10억 원인 사람은 교통신호 몇 개쯤 지키지 않아도 부담이 되지 않기 때문에 교통신호를 지켜야 한다는 준법정신이 부족해지죠. 하지만 화물차 운전자에게는 과태료가 너무 큰 부담이 되는 거예요. 다른 세금은 소득과 재산에 따라 다르게 적용되는데 왜 이런 것들은 예외인 거죠?

저는 이것을 반드시 고쳐야 한다고 생각해요. 북유럽의 몇몇 나라는 과태료나 벌금을 소득과 재산에 따라 다르게 매겨요. 그러니까 부자들도 사회적 규칙을 지키는 준법의식을 갖도록 하는 것이죠. 우리나라도 법을 개정해야 하는데, 문제는 이게 헌법 체계와 사법 체계의 바탕을 바꿔야 가능하다는 거예요. 그래서 누구도 하려 들지 않고, 하기가 쉽지 않은 과제예요. 그렇지만 누군가는 꼭 해야 하는 일이지요. 저에게 기회가 온다면 이 일은 꼭 하고 싶어요. 그렇다고 한 번에 모든 것을 싹 뜯어고칠 수는 없지만, 과태료를 차등 적용할 수 있는 몇 개의 구간을 먼저 만드는 것으로 첫걸음을 떼어놓고 싶어요.

대통령 시정연설 방문시 항의 피켓팅

철도 노선 등 지역 현안 추진을 위해 국토교통부와 긴급회의

CHAPTER. 8

10문 10답

☺ ──

앞에서 미처 알아보지 못한 궁금증을 해결하는 시간! 법안의 문제점이나 아이디어는 어디서 얻는지, 각종 조사에 필요한 자료는 어떻게 구하는지, 보좌관의 미래는 어떻게 변할 것 같은지 등도 알아보아요.

삼권분립이 무엇인가요?

국가의 권력이 한곳에 모이면 권력 남용으로 국민의 자유와 권리가 침해될 수 있어요. 민주주의국가는 권력을 세 기관에 나누어 서로 견제하는 시스템으로 국가를 운영해요. 이를 삼권분립이라고 하는데, 세 권력 기관은 입법부, 사법부, 행정부를 말해요.

사법부는 법원으로 법을 어긴 사람이 있으면 잘잘못을 따지고 어떻게 처벌할지 결정하는 기관이에요. 법원은 국회에서 만든 법을 기준으로 심판하고, 과거에 벌어졌던 일에 초점을 맞추지요.

행정부는 대통령, 국무총리, 장관들로 이루어진 정부를 말해요. 행정부는 국회가 만든 법과 정해준 예산으로 나라를 운영하죠. 그래서 행정부는 현재에 초점을 맞춰 일을 한다고 볼 수 있어요.

입법부는 국회로 앞에서 말한 대로 새로운 법을 만들고, 있는 법을 새로 고치는 일을 해요. 또 나라의 예산을 책정하고, 행정부와 사법부를 견제하는 역할도 하지요. 이렇게 국회는 현재를 살피지만 국가의 미래 방향과 목표를 설정하기 위해 노력하는 기관이에요.

세 개의 권력기관인 입법부, 사법부, 행정부는 각자 맡은 역할이 다르지만, 국민의 자유와 권리를 지키기 위해 서로를 견제하며 조화를 이루어 국가를 운영해요. 어느 한 기관이 다른 기관들이 마음에 들지 않는다고 무력으로 억압하거나 권한 행사를 방해할 경우 이를 규제하기 위해 탄핵을 하거나 심판을 통해 견제를 하는데, 이는 민주주의를 유지하는 아주 중요한 작동 원리입니다. 특히, 이때는 헌법과 법률에 근거해서 견제해야 하고, 상대방은 이를 존중해야 합니다.

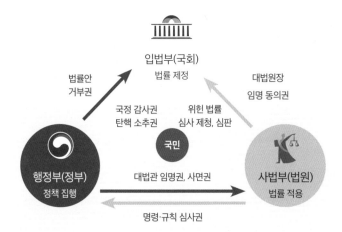

삼권분립

법안의 문제점이나 정책 아이디어는 어떻게 얻나요?

처음부터 법안이나 정책의 문제점을 찾아내는 것은 쉽지 않지만, 기본적인 방법을 차근차근 익히면 자신만의 요령을 터득할 수 있어요. 흔하게는 언론에 보도된 것을 보고 관련 부처의 문제점을 찾을 수 있는데요. 얼마 전에 준공된 아파트에서 설계보다 철근을 적게 쓴 것이 언론에 보도되었어요. 그 일은 국토교통부 관할이에요. 보도가 나오면 보좌진은 국토교통부에 관련된 자료를 요구해서 규정이 잘못된 것인지, 감독을 부실하게 한 것인지 찾아내는 거예요. 원인을 찾아내서 규정을 강화하거나 새로 만들어서 똑같은 일이 일어나지 않도록 하는 거지요.

일상생활에서도 문제점을 충분히 찾을 수 있어요. 운전하면서 가다가 도로에 포트홀이 생긴 것을 발견했다면 도로 관리 기관에 포트홀 발생에 관한 자료를 요구해서 살피고, 규정과 절차에 따라 보수했는지, 규정이 충분하지 않아 놓치고 있는 것은 없는지 등을 알아볼 수 있어요. 이렇게 다양한 방법으로 문제점을 발견하는 거예요.

자료요구권이 무엇인가요?

　국회의원은 국회법에 따라 자료요구권이 있어요. 보좌진이 업무를 할 때 필요한 자료가 있으면 의원님에게 보고하고 관련 자료를 정부 측에 요구하는 거지요. 요구는 요청과 달라요. 요청은 보내달라고 부탁하는 것으로 상대가 들어줄 의무는 없어요. 반면에 요구는 국회가 자료를 받을 권리이고, 정부 등은 이를 제출해야 할 의무가 있어요. 국회의원은 행정부와 사법부을 견제해야 하기 때문에 어떤 부처와 법원에도 자료를 요구할 수 있어요. 또한 국회법에 따라 국회의원이 정부에 대한 서면질문을 하면, 정부는 그에 대해 10일 이내에 답변할 의무도 있어요.

　저는 보좌진을 대상으로 하는 교육프로그램에서 강의하거나 우리 의원실에 새로운 보좌진이 오면 반드시 강조하는 게 있어요. 헌법과 국회법을 읽고 충분히 익혀야 한다는 것인데요. 국회와 국회의원에게 어떤 권한이 있고, 어떤 방법으로 행정부와 사법부를 견제하는지 헌법과 국회법에 나와 있기 때문이에요.

탄핵은 무엇인가요?

사람이 죄를 지으면 재판을 해서 처벌을 받아요. 그런데 일반적인 사법절차로 처벌할 수 없는 사람들이 있어요. 그 사람들은 대통령, 국무총리, 행정각부의 장, 헌법재판소 재판관, 법관, 중앙선거관리위원회 위원, 감사원장, 감사 위원 및 기타 법률에 정한 공무원들이에요. 이 사람들이 일을 하면서 중대한 잘못을 저지르거나, 개인적으로 범죄를 저지르면 국회가 탄핵소추를 할 수 있어요.

탄핵소추는 헌법과 법률이 정한 절차에 따라 재판을 요구하여 처벌하거나 파면하는 제도인데요. 국회로부터 탄핵소추가 의결된 사람은 헌법재판소가 탄핵심판을 내릴 때까지 권한이 정지되고, 탄핵결정이 나면 공직에서 파면돼요. 그리고 탄핵과는 별도로 이후에는 민사상이나 형사상의 책임이 따르기 때문에 그에 따른 재판을 받아요. 또한, 탄핵결정을 받은 사람은 선고일로부터 5년 이내에 공무원이 될 수 없어요. 탄핵은 입법부인 국회가 행정부와 사법부를 견제하는 방법의 하나이지요.

특히, 헌법과 법률을 수호해야 할 행정부와 사법부의 대표들이 이를 어겼다면, 탄핵의 대상이 되기 때문에 권한을 행사할 때 매우 신중하게 처신해야 한답니다.

12월3일 국회에 난입한 무장 계엄군을 막고 있는 김민기 국회 사무총장.(왼쪽 위) 국회방송 갈무리. 국회의사당 중앙홀에서 동료 보좌진들에게 지침을 전달 중인 민주당 소속 윤상은 보좌관(정을호 의원실). 미디어몽구 유튜브 갈무리. 탄핵소추된 윤석열 대통령이 비상계엄을 선포한 지난 12월3일 자정 무렵 서울 여의도 국회의사당 중앙홀에서 국회·정당 관계자들과 기자들이 바삐 움직이고 있다.(아래) 엄지원 기자

행정부도 법률안을 발의할 수 있나요?

우리 법체계에서는 각각의 국회의원과 행정부가 법안을 발의할 수 있어요. 그런데 법안을 발의하는 절차는 달라요. 예를 하나 들어볼게요. 행정부의 5급 사무관이 법을 집행하다 보니 문제점을 하나 발견해서 법을 고쳐야겠다고 생각했어요. 그러면 부서 과장님의 승인을 받은 후에 개정안을 마련하고, 다음엔 국장, 차관, 장관의 승인을 받아야 해요. 이후 법제처의 심사를 거쳐 국무회의를 통과하면 대통령이 법률 개정안을 확정해 입법부인 국회로 넘어오게 됩니다. 이렇게 법률 개정안 하나가 국회로 오는데 짧게는 1년, 길게는 2년이 넘게 걸려요.

그런데 입법부에서는 개정안을 만들어 국회에 제출하기까지 그리 오랜 시간이 걸리지 않아요. 행정부에서 개정안을 확정하는데 필요한 1년 이상의 시간을 줄일 수 있는 거예요. 그래서 법률안을 만드는 일을 해본 보좌관이라면 자신이 만든 법률안이 빠르게 확정되어 실행되는 것을 보며 보람을 느끼지요.

연봉은 얼마인가요?

보좌진은 별정직 공무원이라 일반 공무원과 연봉 책정이 달라요. 일반 공무원은 9급에서 시작해 일정 기간 근무해야 8급으로 진급할 기회가 생기고, 근무한 기간에 따라 호봉이라는 것이 결정돼요. 별정직 공무원은 일반 공무원처럼 호봉이 차곡차곡 쌓이는 게 아니라 해당 직급의 일반 공무원이 받을 수 있는 최고 연봉을 받아요. 저 같은 경우 4급 보좌관이니까 4급 공무원 23호봉을 받지요. 급수에 따른 연봉은 아래 제시한 2023년 지급기준을 참고하면 될 거예요.

2023년도 국회의원 보좌직원 보수 지급기준

※ 2023년 공무원보수 등의 업무지침(인사혁신처 소관) 미확정 상태로서, 향후 지침 개정시 수당 지급기준 등 변동 가능성 있음
※ 「공무원보수규정」 부칙 제3조(4급 상당 이상 공무원의 봉급 및 연봉지급에 관한 특례)에 따라, 4급 보좌관의 보수는 2022년도 지급기준과 동일

구 분	4급상당(21호봉)	5급상당(24호봉)	6급상당(11호봉)	7급상당(9호봉)	8급상당(8호봉)	9급상당(7호봉)
1. 월정급여(1개월)	6,619,280원	5,918,530원	4,146,820원	3,595,720원	3,163,240원	2,826,760원
본봉	5,102,100원	4,891,700원	3,276,300원	2,770,200원	2,399,900원	2,081,300원
초과근무수당		484,830원	413,520원	373,520원	335,340원	317,460원
관리업무수당	459,180원					
의원보조수당	218,000원	152,000원	132,000원	132,000원	113,000원	113,000원
정액급식비	140,000원	140,000원	140,000원	140,000원	140,000원	140,000원
직급보조비	400,000원	250,000원	185,000원	180,000원	175,000원	175,000원
직책수행경비	300,000원					
2. 비월정급여(1년)	8,163,360원	7,826,720원	5,242,080원	4,432,320원	3,839,840원	3,330,080원
정근수당 (4년이상 5년미만 기준)	2,040,840원	1,956,680원	1,310,520원	1,108,080원	959,960원	832,520원
명절휴가비	6,122,520원	5,870,040원	3,931,560원	3,324,240원	2,879,880원	2,497,560원
월 평균	7,299,560원	6,570,750원	4,583,660원	3,965,080원	3,483,220원	3,104,260원
연 급여	87,594,720원	78,849,080원	55,003,920원	47,580,960원	41,798,720원	37,251,200원

출처: 국회사무처

보좌관의 미래를 어떻게 예상하세요?

국회가 없어질 일은 없으니 이 직업이 사라지지는 않을 거예요. 다만 분야별로 전문화된 역할을 하지 않을까 예상해요. 현재는 하나의 사안을 여러 명이 협업하는 방식으로 일을 해결하는데요. 보좌진이 최대 9명이지만 의원님의 의정활동을 함께 하는 인원은 7~8명이에요. 이 인원이 대개 정부 부처 1개와 여러 공공기관을 감시하기 때문에 팀워크를 발휘하지 않으면 국회의원을 보좌하는 일을 제대로 해낼 수가 없어요. 맡겨진 일을 누군가 대신할 수 있는 게 아니어서 한 사람이 실수해서 한 가지 일을 못 하면 의원님의 활동이 지장이 생기지요.

미래에는 보좌진 각자가 하나 분야를 맡아 책임지는 형태로 변화할 것 같아요. 물론 의원실마다 일하는 방식이 달라서 당분간은 지금의 문화가 지속되겠지요.

정치는 싸움이라고 하셨어요. 왜 그런가요?

세상에는 다양한 집단이 있어요. 저마다 다른 가치관이 있고, 어떤 것이 이익인가 판단하는 기준도 다르지요. 그래서 이런 집단이나 개인이 충돌하는 일이 생기면 갈등과 대립이 있게 마련이고, 각자가 원하는 결과를 얻기 위해 싸우는 게 당연해요. 물론 충분한 토론과 논쟁을 해서 타협하는 게 가장 좋겠지만, 사회의 공익을 위해 양보할 수 없는 것이라면 적극적으로 싸워서 문제를 해결해야 해요. 이게 바로 정치예요.

그러면 정치인은 누구를 위해 싸워야 할까요? 자신들을 대신해 말하고 행동할 거라 믿고 뽑아준 지지자와 국민을 위해 싸워야 해요. 무엇을 위해 싸워야 할까요? 지역구 주민을 포함한 국민을 위해 싸워야지요. 사회에 이익이 될 수 있도록, 사회 복지 혜택이 온 국민에게 고루 돌아갈 수 있도록 싸우는 거예요.

때로 언론과 소셜 미디어가 대중의 관심을 끌기 위해 정치인들의 갈등과 대립을 크게 강조하는 바람에 국민의 눈살을 찌푸리게 하는데요. 문제는 싸움만 도드라지게 보도하면 국민이 정치에 무관심하고 외면하게 된다는 거예요. 국민이 정치를 외면하면 이익을 얻는 집단이 있어요. 특정 기업이나 산업 또는 이익단체, 특정 세력과 같이 권력을 독점한 집단인데요. 이들은 국민이 정치에 무관심하기를 바라요. 아무도 관심이 없어야 권력을 독차지해서 자신들에게 유리하게 법과 예산을 바꿀 수 있으니까요. 이런 일이 벌어지지 않게 하려면 국민이 정치에 참여해야 해요. 그래야 정치인들이 더 많은 국민이 누려야 할 권리를 지켜주기 위해 잘 싸울 수 있어요.

보좌진협의회장 당시 방송출연

다른 의원실 보좌진과 협력하는 일도 있나요?

국회의원 한 명 한 명이 입법기관이에요. 보좌진은 그 역할을 할 수 있도록 보조하고 지원하는 사람들이므로 의원실 단위로 독립적으로 일하는 게 원칙이에요. 다만 사안이 아주 크고 중대하다고 판단될 때는 같은 정당의 의원실이 서로 협력하기도 해요.

최근에 양평고속도로 노선 변경 의혹이 있었어요. 국토교통위원회 소속 의원실에서 공동으로 고속도로 기획, 설계, 보상 등 분야별로 역할을 나누어 집중적으로 조사했다고 해요. 이처럼 대한민국 전체에 영향을 줄 수 있는 큰 사안뿐만 아니라 인사청문회가 열릴 때도 서로 협력해요. 인사청문회는 한 사람의 인생을 전부 들여다보는 일이라 살펴볼 게 참 많아요. 법을 어기지는 않았는지, 경력은 거짓이 없는지, 또 제보가 들어오는 것도 나눠서 조사해요.

보좌진은 당을 옮기는 것도 자유로운가요?

6급 이하의 보좌진이나 5급이라도 1, 2년 차 보좌진은 정당을 따지지 않고 옮기는 게 가능해요. 어느 의원실에 가든 기본적으로 하는 일은 비슷해서 정당의 영향을 크게 받지 않아요. 그런데 4급 보좌관이나 5급 선임 비서관은 대체로 같은 정당 내에서 의원실은 옮겨도 정당을 넘나들지는 않아요. 꽤 오랫동안 보좌관 생활을 한 사람들이라 '정체

더불어민주당 보좌진들의 교류와 협력을 위한 보좌진협의회 정기총회에서 협의회장으로서 발언하고 있는 모습.

성'을 갖고 있거든요. 여기서 말하는 정체성은 '정당의 성향을 가진다'는 뜻이에요. 세상을 바라보는 시각과 해법이 본인이 소속한 정당의 성향에 동의하기 때문에 당을 바꾸는 일은 거의 없지요. 21대 국회에서 7명의 국회의원이 있던 정의당은 2024년 총선에서 당선자가 한 명도 나오지 않았어요. 거기서 일하던 보좌진들이 계속 일을 하고 싶으면 민주당이나 진보당으로 옮기지 국민의힘으로 가기는 어렵지요.

CHAPTER. 09

나도 국회의원 보좌관

1.

우리나라는 물건을 해외에 팔아 돈을 버는 경제체제를 가지고 있어요. 하지만 부자가 더 부자가 되고, 가난한 사람은 더 어려워지는 양극화와 불평등 문제가 점점 심해지고 있어요. 이런 문제는 우리나라 경제를 더 불안하게 만들고, 발전할 힘을 약하게 만들어요. 특히, 정부가 대기업이나 부자들에게 세금을 줄여주는 정책을 하면서 이런 문제가 더 심해졌어요. 세금을 덜 걷다 보니 나라 살림도 어려워지고, 미래에 우리 세대가 갚아야 할 빚도 늘어났어요. 그래서 양극화와 불평등을 줄이는 일이 중요해요. 그래야 모두가 행복하고, 나라가 더 잘 살 수 있어요.

만약 여러분이 나라의 경제를 책임지는 사람이 된다면, 어떤 방법으로 이 문제를 해결할 수 있을까요? 예를 들어, 누구에게 어떤 세금을 더 걷거나, 걷힌 세금은 어디에 쓰는 게 좋을지 함께 생각해 보세요.

2.

　지구가 점점 더워지고 날씨가 이상해지면서, 폭우나 가뭄 같은 재난이 자주 일어나고 있어요. 이런 기후위기의 원인 중 하나는 사람들이 공장에서 물건을 만들거나, 차를 탈 때 나오는 탄소라는 기체 때문이에요. 과학자들은 지구가 더 뜨거워지지 않으려면 사람들이 배출하는 탄소와 같은 온실가스를 줄여야 한다고 말해요. 그런데 일부 사람들은 "탄소를 줄이면 공장이 멈추고, 일자리가 줄어들어 경제가 어려워질 수 있다"고 걱정하기도 해요. 그래서 우리는 이런 질문을 함께 고민해 봐야 하는데요. 일자리를 줄이고 경제를 희생하더라도 기후위기를 막아야 할까요? 아니면, 기후위기보다 지금의 경제와 일자리를 더 중요하게 생각해야 할까요? 그리고 만약 기후위기를 막기 위해 정책을 만든다면, 사람들이 어떻게 받아들일지, 그 걱정을 어떻게 해결할 수 있을지도 함께 생각해 봅시다!

3.

우리나라와 북한은 한반도에서 함께 살고 있지만, 서로 생각이 달라서 긴장이 생길 때가 많아요. 최근에는 북한이 미사일을 쏘고, 우리나라는 군대를 더 강하게 만들려는 움직임이 있어서 평화와 멀어지지는 않을까 걱정이에요.

남과 북이 평화롭게 지낼 방법에는 두 가지가 있어요. 하나는 군대를 더 강하게 만들어서 전쟁이 일어나지 않게 막는 방법이고, 다른 하나는 서로 대화를 하고, 물건을 주고받거나 돕는 일을 통해 사이좋게 지내는 방법이에요. 두 방법 모두 장점과 단점이 있어요. 군대를 강하게 하면 전쟁을 막을 수 있지만, 국가재정을 많이 투자해야 하고, 혹시 너무 긴장하게 되면 더 큰 다툼으로 이어질 수도 있어요. 대화하고 사이좋게 지내려 하면 시간이 오래 걸리지만, 평화로운 한반도를 만들 수 있는 희망이 있어요.

여러분은 남과 북이 평화롭게 지내기 위해 어떤 방법이 더 좋다고 생각하나요? 그렇게 생각하는 이유를 이야기해 보고, 함께 더 좋은 방법을 찾아봐요.

4.

    학교에서는 학생의 인권과 교사의 인권이 모두 중요해요. 학생은 존중받고 자유롭게 자신의 의견을 표현할 권리가 있고, 교사는 안정된 환경에서 가르칠 권리가 있어요. 그런데 때로는 이 두 가지가 충돌하는 것처럼 보이기도 해요. 학생은 학교 규칙을 지켜야 하고, 교사는 규칙을 지키지 않는 학생을 바로잡아야 하는데, 이 과정에서 학생과 선생님이 모두 불편함을 느낄 수 있어요.

    그렇다면, 학생과 교사가 서로의 권리를 어떻게 존중할 수 있을까요? 가장 좋은 방법은 학생과 교사가 함께 규칙을 만드는 거예요. 모두가 동의할 수 있는 학교 규칙을 학생과 교사가 함께 정하면 갈등이 줄어들 수 있어요. 또 학교에서 학생과 교사가 서로의 어려움을 솔직히 말하고, 해결 방법을 논의하는 시간을 가지면 더 나은 관계를 만들 수 있어요.

    여러분은 학생 인권과 교사의 권리를 동시에 보호하기 위해 어떤 방법이 좋다고 생각하나요? 학생과 교사가 서로 존중하며 학교가 더 행복한 공간이 될 방법을 찾아봅시다.

5.

어린이 보호구역(스쿨존)은 어린이의 안전을 보장하기 위해 학교 주변에 지정된 특별 보호구역이에요. 어린이가 안전하게 등하교할 수 있도록 교통 규칙도 바꾸었어요. 그래서 어린이 보호구역에서 차는 속도를 줄여 지나가야 하고, 주차나 정차를 할 수 없어요. 하지만 어린이를 안전하게 보호하는 것이 먼저라는 사람들과 어린이의 안전도 중요하지만 교통 체증으로 도로가 꽉 막히는 것도 문제라는 사람들의 의견이 맞서고 있는데요. 여러분의 의견은 어떤가요? 어린이의 안전을 지키고 교통의 흐름도 막히지 않는 방법은 없을까요?

초등학생의 진로와 직업 탐색을 위한 잡프러포즈 시리즈 48

국회의원 보좌관은 어때?

2025년 2월 17일 초판 1쇄

지은이 | 윤상은
펴낸이 | 김민영
펴낸곳 | 토크쇼

편집인 | 박성은
표지 디자인 | 이희우
본문 디자인 | 책읽는소리
마케팅 | 신성종
홍보 | 이예지

출판등록 2016년 7월 21일 제 2023-000173호
주소 | 서울시 마포구 월드컵북로98, 2층 202호
전화 | 070-4200-0327
팩스 | 070-7966-9327
전자우편 | myys327@gmail.com
ISBN | 979-11-94260-28-8(73190)
정가 | 13,000원